IDEAS QUE VUELAN

IDEAS QUE VUELAN

Omar Sanvicente

Portable TINTAS HÍBRIDAS

IDEAS QUE VUELAN

© 2022, OMAR SANVICENTE

©Primera edición 2022 por Indie Media Editores, S.A.de C.V.
Guanajuato 224, Interior 205, Colonia Roma Norte,
Ciudad de México, C.P. 06700

Portable Publishing Group LLC,
30 N Gould St, Ste R, Sheridan, WY 82801,
Estados Unidos de América.

Portable
GRUPO EDITORIAL

www.editorialportable.com

Grupo Editorial Portable ® es una editorial con vocación global que respalda la obra de autores independientes. Creemos en la diversidad editorial y en los nuevos creadores en el mundo de habla hispana. Nuestras ediciones digitales e impresas, que abarcan los más diversos géneros, son posibles gracias a la alianza entre autores y editores, con el fin de crear libros que crucen fronteras y encuentren lectores.

ISBN: 978-1-958053-03-4

Impreso en México – *Printed in Mexico*

Índice

Plática con mi hijo (a)

Siempre quise, soñé mejor dicho, tener un hijo (a), y desde el día en que llegaste, después de tantos dolores, la vida se me ha convertido en un universo de colores, si ríes río, si juegas juego y si enfermas muero.

Recuerda siempre ser amable y pedir las cosas por favor, y agradecer a cualquiera que sea cortés contigo, así comprenderás que si a alguien no lo ayudas a llegar a su destino, al menos piedras no le has de echar en su camino.

Va a haber ocasiones, en que te sentirás como esas sillas o mesas desniveladas, que se van de lado, y es entonces cuando necesitarás de un buen libro para retomar el nivel.

Más adelante, te preguntarás ¿qué es el amor? Para eso no tengo respuesta, pero, cuando al fin te atrape ese hermoso sentimiento, ya podrás explicarte su significado, y también sabrás, que no hay forma de explicar qué significa, y espero que no compruebes, que tarda mucho en irse, aunque ya te haya abandonado.

Toda la vida se la pasa uno aprendiendo, no es feo estudiar, lo feo es no saber. Recuerdo aquellos días cuando querías andar, empezabas a gatear para aprender a caminar, de hecho, ahora, con la ayuda de un bastón, estoy aprendiendo a desandar.

Hijo (a) yo quisiera que escucharas mis consejos hoy y no mañana, cuando muestres tu segunda sonrisa desdentada, cuando el césped que pisamos sea la loza de mi casa, y las raíces se alimenten de mi ser (¿o no ser?). Que los errores de tu vida, sean tus errores.

Si estás enamorado

Si estás enamorado,
llevas el pecho lleno de corazón,
de costilla a costilla y de vértebra a esternón,
el objeto de tu amor es del latido la razón,
y se expulsan flores rojas en cada contracción.

Si estás enamorado,
la soledad te genera malestar,
el tiempo de la vida no te alcanza,
y no se come, para no molestar,
a las mariposas de la panza.

Si estás enamorado,
tu amor entra y sale por los ojos,
el pasado, se hace como humo ante un tornado,
el presente es un instante que no dura ,
y en el futuro no se miran cielos rojos.

Si estás enamorado,
todo lo ves rosa aunque esté oscuro,

todo fluye, aun si está atorado,
y mientras dibujas corazones en tu muro,
a todos les das por su lado.

Si estás enamorado,
quisieras ser un grafitero, incomparable,
que dibuje en el hermoso lienzo de su piel,
tatuajes no aprendidos, imborrables,
como obras de arte hechas con miel.

Si estás enamorado,
tu amada(o) no se borra de tu mente,
de su boca siempre llevas el sabor,
quieres crecer y fenecer junto a su amor,
que la muerte los separe por un tiempo solamente.

Si estás enamorado,
no paras de cantar, y agradecer a Dios.
Quieres que de dos vientres salga uno(a),
y que ese(a) uno(a) no deje de brincar,
aun después de haberte ido.

Si estás enamorado,
y te encuentras abrazado de tu amor,
la felicidad del corazón, lo sé de cierto,
pero si hay que despedirse,
también, el corazón, lo sé, desierto.

Padre

Siempre te llevo presente, y ahora que he crecido recuerdo tu presencia intensa, tus regaños, tus consejos (que siempre quisiste hiciera míos), fuiste, injustamente lo sé, el mejor objetivo de mis juicios infantiles, los más crudos que he emitido.

Dicen que detrás de un gran hombre hay una gran mujer, y en ocasiones cuando te sentías empujado de más, y mirabas frente a frente a quien lo hacía, tu firme mirada se derretía en mi presencia y no me dabas el dolor de ver peleas, solo tu figura se inclinaba hacia mí, y me abrazabas.

Cuando ya corrías en la pista de la vida, me dabas las herramientas para alcanzarte, sabiendo que día con día tu carrera se haría más lenta, me enseñaste que, cueste lo que cueste, yo debía seguir con tal carrera.

Siempre me enseñaste a decir "por favor" y "gracias" a los demás, y no sé por qué a ti no te lo decía lo suficiente; y ahora, en cualquier lado que te encuentres, quiero que siempre escuches: **Por favor** discúlpame si alguna vez te lastimé, y **gracias** por todo lo que me enseñaste **querido padre.**

Los bandidos

Hay una bola de bandidos, que tienen secuestrado a un
hermoso país, entre ellos está el bandido
acción nacional, el bandido verde ecologista (a este
le dicen el niño), el bandido de la revolución
democrática y el más peligroso de todos:
el bandido revolucionario institucional; a veces
se juntan y pareciera que empiezan un movimiento
de degeneración nacional, unidos se encargaron
de dividir al país del golfo al cortés y del
bravo al pacífico, no hubo rincón que se salvara de sus
atrocidades, solo Dios (o la vida) se encarga
de unirlos, de vez en cuando, con invasiones extranjeras,
con temblores, huracanes, y a veces hasta
un virus nuevo sale. Qué desgraciados bandidos
que tienen partido al país.

¿Cuándo volveré
a saber de ti?

¿Cuándo volveré a saber de ti? Si te veo en mis
sueños, mis recuerdos y en las caras.
Tu figura no se borra de mi mente, y
con mis manos la recuerdo,
te has convertido en un nudo en mi garganta,
y qué difícil se me hace pasar los
tragos de aguardiente;
y aquí acostado, fundiéndome al colchón,
viendo las vetas de la cimbra en el concreto,
te transformas en un objeto inanimado,
que brinca dentro de mi pecho de uno a otro costado,
sacándome en suspiros el poco aire que respiro,
a veces se oye un claxon, un gallo, unos gritos
y unos grillos, mezclados con tu canto,
y no me acuerdo si estaba dormido, despierto
o confundido el recuerdo de tu mirada en cada
pestañeo viene a las cenizas a atizar,
y todo empieza a arder dentro de mi;
miro hacia arriba, hacia abajo, a los lados,
y empiezo a mis recuerdos levantar:
En fotografías, en pisadas, en cenizas, en saliva;

y a todos juntos los rescato del cesto de basura,
para que no se vayan todavía.
Pues mi pregunta sigue siendo: ¿Cuándo
volveré a saber de ti?

Como lobos sin manada

Soledad
De hecho no estoy solo, solo me siento sin ti.

Periodicazos
Con la experiencia aprendí que los periodicazos solo
afectan (y de momento) a los insectos, y si no me crees,
prueba darle un periodicazo a un tigre.

La cesárea
Veo a mis hijos, mi Dios mío, y te doy gracias, pero
también sé, y me da miedo, que si te llevaras a uno de ellos
me dejarás una cicatriz interventricular de cesárea en el
corazón. Me enseñaste que toda la vida es una cicatriz
perpetua, hecha de tejido conectivo, de barro, de aserrín
comprimido, de satín, de golpes de pala, de canciones de
amor y de dolor, de te amos sin respuestas, de respuestas
sin amor.

El abrazo
Le di una mirada de amor, y fue como si me
le fuera encima.

Soñadora

Es triste, y doloroso, para mí, verte ahí parada, con ojos bien abiertos pero sin mirada.

Lesión

Voy a dejar que esta lesión cumpla su función, que sane o que se infecte definitivamente, y me deje al fin una lección.

La flor

Quiero que una flor viva y muera eternamente, cuando pase de mi mano a tu mano.

La vida

A veces te toca con labios blandos, cubriendo dientes firmes.

Evolución

El punto máximo de evolución humana va a ser cuando nuestro primer respiro sea con una risa y no con un llanto.

Istas

A los machistas, a las feministas, a los terroristas y algunos otros "istas", les hace falta un enema encéfalo-escatológico.

Gritos
Al fin comprendí que Dios no escucha si le gritas,
estés lejos o cerca.

Alas
Quiero que me digas que soy las alas de tu pecho.

Soledad
Ya no estoy solo, ahora estoy mejor, me acompaña
solo tu recuerdo.

Animales
Hay animales en peligro de extinción, como el jaguar,
la salamandra, tapir, panda, etc. Y hay animales en
peligro de expansión, como el ratón, la cucaracha,
hombre, etc.

Yuxtaposición
¿Qué es mejor, servicio o ser vicio, servil, o ser vil?

Interior
Si tan solo aprendiéramos a ver con el corazón, nos
daríamos cuenta de que, por dentro, todos somos
del mismo color. Y es hermoso darse cuenta,
también... de que las almas blancas se encuentran
cubiertas por cualquier color de piel.

Dictadura

Es triste ver que luchamos contra un monstruo de mil cabezas, y más triste aún, es darse cuenta de que ninguna de ellas piensa por sí misma.

El rayo

Parece que aquel árbol caído fuera la caja, hecha a golpe de luces y truenos que el rayo fabricó, para su eterno descanso silencioso, haciéndose ni más rayo, ni más árbol, ni más tierra.

Homo sapiens

Yo creo que el hombre no desciende del mono, asciende de él, aunque viendo la situación actual, creo que realmente descendemos del mono, directo a incrustarnos al lodo, hasta llegar a ser otra vez un trilobites.

Dicho

Dicen que: "Dios no cumple caprichos de pendejos (tontos)", y sí, pero ¿Sabes? cuando te enamoras es cuando más caprichoso te vuelves.

Belleza

Algunas flores hermosas tienen espinas, pues temen (saben) que siempre habrá alguien (algo) que quiera arrancarlas de su raíz, ya sea por deseo, o por envidia; aunque al final (queda claro) siempre es por hambre.

Antes y ahora
Antes morían pocos (héroes) y muchos disfrutaban de los beneficios del sacrificio, ahora muchos (héroes) mueren y pocos disfrutan de dicho sacrificio.

Alcohol
¿Estamos en batalla o en botella?

Certeza
Todos llevamos la muerte creciendo dentro de nosotros, en el corazón, hígado, páncreas, riñones, cerebro, etc. Entonces para qué preocuparse, hay que disfrutar la vida.

Peligro
Ese lugar es muy peligroso, hay drogadictos, ladrones, narcos, brujas, satánicos, parientes, etc. No se puede vivir en paz.

Palabra
Palabra de Dios: Amen, amén, palabra grave y palabra aguda.

Estudio

Si no estudias, de grande lo único que harás, es hacer lo que otros digan que hagas.

El gobierno

Ese pobre perro lombriciento, por mucho que coma, siempre estará con la panza llena de bichos y vacía de alimento.

El voto

El partido azul te quiere tener sin oxígeno (cianótico), el amarillo ictérico (por exceso de bilis) y el rojo cubierto de sangre (por intoxicación con plomo), ¿por cuál votaremos?

El temblor del 85

Después del temblor veía personas caminando, cubiertas de suelo, mirando hacia la tierra, rezándole para que ya no se sacudiera. El agua escaseaba, y era necesaria para limpiar el polvo de los escombros y poder ver de dónde manaba la sangre.

Las leyes

Las leyes deben ser hechas para una sana convivencia y no para una enferma conveniencia.

Entender

Para que nos demos a entender, no hay que hablar
con la boca llena y/o el cerebro vacío.

Misterio

Acerca de la muerte no puedo decir más de lo
que ya se ignora.

Adicto al trabajo

Se dice que el orgasmo es lo más bonito, que deberíamos
vivir siempre con él; y yo me digo a mí mismo, que si
siempre viviéramos en el orgasmo, buscaría el momento
preciso, secreto, íntimo, para trabajar.

Terrorismo

El terrorismo existe, no por los terroristas, sino
por los terroristeables.

Juntos

Te aprietas a mí, toda floja, y te amo como a nadie.

Creatividad

Siempre que quiero crear algo, lo primero que hago
es escuchar mi interior, y me inspiro, me animo,
me renuevo y no me rindo, gracias al sonido
interno de mis tripas.

Tristeza

Una madre perdió un hijo y decía: "Dios, cuando nació
mi hijo, te dije, gracias, porque siento que cuando me
toma de la mano es como si tu lo hicieras, y ahora que te
lo has llevado, siento que me has dejado de la mano".

Lectura

Guardé mi dinero en el banco y se lo robaron, mejor
lo guardé en un libro y sigue ahí, esos nadie,
que robe, los abre.

Gobierno

Los gobiernos actuales se están alejando de los
preceptos propios de los valores humanos,
rindiéndosea lo que dicta el dinero, haciendo
de las democracias unas verdaderas "diablocracias".

La maestra

Gordoa se asoció, primero a Salinasa, luego a Pox,
después a Gelipe, y ahora enfrenta varias acusaciones,
entre ellas la de asociación delictuosa.

Decisión

Ya me decidí, no voy a apoyar ni al "machismo"
ni al "feminismo", voy a ser "parejista", para
de ahí hacerme "familista".

Bodas
En las bodas te preguntan si aceptas o no aceptas,
como si aceptaras a Dios o al diablo, todo
depende de lo que traigas dentro.

Un deseo
Decía un (a) muchacho (a): "Nunca me sentí tan
solo (a) como cuando me casé, las dos veces,
pero me gustaría un matrimonio estable".

Realidad
Cuando joven, uno se engalla, y ya de viejo
se enllaga uno.

Robos
Se han reducido los robos en las carreteras, pero
¿Quién dejó de robar, los rateros o los policias?

Nubes
Generalmente en los lugares donde no encuentras
nubes en el cielo, las encuentras en los ojos.

Moscas
Doy gracias a Dios, por todavía espantar moscas,
en vez de alimentarlas.

Las siete maravillas
Para ver si las siete maravillas del mundo antiguo realmente son maravillas, habría que ver si los que las construyeron eran hombres libres.

Raíces
Siempre dijiste que te gustaría que te enterraran junto a ese árbol enorme. Rascaron y cortaron un trozo de raíz para colocarte ahí, como si fueras un injerto.

El jardín
Si te preocupas por mirar el jardín de enfrente, corres el riesgo de pisar las flores de tu propio jardín.

Cansado
Para de veras disfrutar del descanso, es necesario de veras cansarse.

Un don
El hambre es el don maravilloso que nos dio la naturaleza, para poder ver cómo reaccionamos cuando nos damos cuenta de que está ahí.

La soledad
La soledad solo es buena, si estás mal acompañado.

De política

La política siempre ha tenido entre sus filas a dos
clases de políticos: Los que dicen ahí les dejo estas
obras, y los que dicen ahí les dejo estas sobras.

Los intereses

Cuando vives pagando intereses, es como si
vivieras "interheces".

Fácil

En esta vida; hasta para la mujer fácil, no es fácil;
así de fácil es.

Pareciera

Acerca del amor, Sabines decía que "pareciera que
sales y soles," pero cuando el amor sale, sale; pues
una vida la puede vaciar o llenar.

Corazón

Parece que la vida disfruta con las ironías, pues los
que padecen insuficiencia cardíaca envidian a los
que el corazón se les encoge.

"Cultura"

La plaza de las "tres culturas" debería llamarse de
otra forma, pues de las tres "culturas" no se hace una

que respete, ya que la tres llegó para querer esclavizar a la dos, que a su vez quería esclavizar a la uno, porque la uno esclavizó a la cero, y así hasta el infinito.

Comprensión

Generalmente, el trabajo que no hemos de realizar, así como el que otros llevaron a cabo, es fácil; sin embargo, el que nos toca hacer o el que estamos efectuando, ese sí resulta difícil... y mal pagado además.

Cuadrilátero

Este mundo es un cuadrilátero esférico, donde norte, sur, este y oeste, dependen de la dirección a la que caminemos.

El viajero

Cuando viajamos por el mundo, hay que ver dónde empezamos, a qué velocidad lo hacemos y qué dirección tomamos; si vamos contrario a él, es fácil que siempre estemos en su lado oscuro, o si caminamos con la dirección del planeta, lo más seguro es que nos encontremos disfrutando de su lado iluminado (aunque sea de noche); el transporte que te envía a cualquiera de los dos lados, y que uno decide cuál tomar, es la actitud.

La pelea

No hay que robar, para no estar peleado con uno mismo.

El juzgado
Juzgamos a los demás; pero cuando nos toca, no queremos ser juzgados... y mucho menos excusados.

Natural
Al árbol no se le puede pedir que corra, al tigre que coma fruta, ni al zopilote que no coma carroña, tampoco se le puede pedir al hombre que no juzgue a su semejante.

Ironías
Hay niños de la calle que buscan vivir en un hogar y hay niños de hogar que no salen de la calle.

El recuerdo
No me importa que me visiten donde me entierren; lo que me importa, es que, de vez en cuando, me recuerden, con cariño, donde se encuentren.

Humanos
La relación humana, siempre es compleja... cuando es movida por los complejos.

Ruidos
¿Para qué pelear? Si acaso nuestros gritos son como ruidos en el estómago del universo.

¿Justicia?
A algunos la vida les da todo, y a otros les da con todo.

Pasajeras
Tanto la alegría, como la tristeza, son pasajeras...
y uno es su transporte.

Amigo
El verdadero amigo no te critica con la palabra,
sino con la mirada, aunque esté hablando.

La sonrisa
No sé por qué la muerte nos asusta, si al final,
después de todo, al borrarnos la mirada, siempre
nos dibuja una sonrisa.

Educación vial
A algunos el coche les llega antes que la educación.

Un trago
¡Pero qué difícil es echarse un trago con un nudo
en la garganta!

¿Larvas o gusanos?
Preferible es al morir, encontrarse con gusanos
que con larvas.

El matrimonio.

Ver que cuando un pez crece, al otro de menor
tamaño que no creció, lo ve como alimento.

Los gruñidos

Me enojé tanto en el trabajo, que me puse a gruñir,
y quería renunciar, pero otros gruñidos me hicieron
desistir: ¡Los del estómago de mi hijo!

Los ahorros

Si estuviera consciente de mi futuro, mis ahorros
serían flores.

Educación

En un país imaginario: la lectura nos acerca
al diputado, y el diputado nos aleja la lectura.

Amar

Cuando amas el corazón habla y el cerebro calla.

Las estrellas

A veces pienso que las estrellas son agujeros en el
cielo (negro) por donde Dios nos observa
(cuando él tiene luz).

¿Esperanza?

El pesimista dice: no hay uno peor que yo. El optimista dice: siempre hay uno peor que yo. Y el desesperanzado dice: no voy a encontrar uno peor que yo.

Efervescentes

La efervescencia del orgullo son los hijos.

Errores

No hay que tener miedo a equivocarse, pues el que no se equivoca no puede servir de ejemplo de nada.

Escuchar

No sé por qué, pero siempre que me callo y dejo de oírme, me escucho.

Ahí está lo feo

No es feo estudiar, lo feo es no saber.

La roca

Los planetas giran siempre sobre una misma órbita, unos solo son rocas, o gases, o ambos, o más; pero la vida hace que se pueda enriquecer esa ruta, pues la vida misma va cambiando, y se renueva constantemente para quitarle lo aburrido a la roca giratoria, y aunque se pase miles (millones) de veces

por el mismo lugar, la vida hace que cada paso
sea diferente.

Lenguas
De las lenguas más rasposas que he sentido están: La
del gato y la del buey.

Patrimonio de la humanidad
Acabo de enterarme de que Chichen-itzá fue declarado
patrimonio de la humanidad, de hecho estoy
dibujando la ciudad bajo la sombra de otro
patrimonio de la humanidad: Un árbol.

Las montañas
Te vi, te conocí; y tu figura se confunde con el hermoso
relieve que la tierra dibuja en las montañas; cuando el
sol ilumina tu faz, las sombras que se asoman descubren
tu paz. Los sonidos, los olores que inundan mi ser, solo
una cosa me dicen: Tu nombre: Mujer.

Pobre
No es lo mismo ser pobre, que no tener dinero.

La entrada
Ahora que un respirador me ayuda, y mastico lo que
queda de mis dientes con mis encías, me acuerdo de mis

raíces, recuerdo toda mi vida, y me preparo para salir de
este útero (terrestre), para dar bocanadas de tierra.

Soledad
Ya te perdí, y mejor me mudo a la ciudad... para de
veras sentirme solo, y así poder olvidarte.

Los patos
-¿Por qué pelean esos patos? -Porque uno le pisó la
pata al otro.

Dar
¿Qué nos pasó en todo este tiempo? Si antes, todo lo
que te daba, te lo daba contento, y ahora, todo lo que
te doy, te lo doy con tiento.

El raciocinio
Con eso de las guerras, la deforestación, los asaltos,
secuestros, fraudes, asesinatos, narcotráfico, y
otras cosas más o menos por el estilo, hemos
descubierto, no sin dolor, que el raciocinio solo nos
sirve para darnos cuenta de lo animales que somos.

Trabajo
El trabajo uno lo tiene que hacer, no el trabajo
hacerlo a uno.

Futuro

Con los hijos es como con las mariposas: hay que dejar
que les pegue el sol a sus alas, para que vuelen.

Envidia

Aquel hombre empezó mirando, y ahora ya está
merodeando.

Placebos

En las inundaciones siempre se piden apoyos, cosas
como: chanclas, medicinas, ropa, enlatados, productos
higiénicos, agua potable, etc. Yo ya envié lo que pude,
pero son puros placebos, ahora voy a atacar el problema
de raíz: voy a sembrar un árbol.

Esposa

¡Doctor, salve a mi esposa, por favor!, no voy a decirle
que es lo que más quiero, porque mentiría, pero es a
quien más quieren los que más quiero.

Recursos

El hombre es bueno para aprovechar los recursos, como
son el petróleo, el gas, el agua, los bosques, la pesca, el
hambre, etc. En fin, todo se puede aprovechar.

Decir

Generalmente, aquel que habla demasiado,
tiene poco que decir.

Aterrizaje

Nuestro amor, bueno ya no es nuestro, deja rectifico: Mi
amor fue tan hiperreal, tan supersónico, tan explosivo
que ahora que tengo que aterrizar, sé que no me va a
alcanzar esta pista tan corta que es la vida mía.

Una hipótesis

Los continentes se encuentran alargados en su extremo
sur; lo que parece indicar que durante la formación de
la tierra, cuando esta se separó del sol, como
así lo estipulan algunas teorías, el polo norte por
un instante fue como la punta de una bala
haciendo que los continentes se alargaran; cuando
la tierra salió lo hizo girando, y la luna se desprendió
de ella dejando un cráter en el Océano Atlántico,
posteriormente las fuerzas de gravedad y las
velocidades de los diferentes cuerpos
celestes equilibraron a las fuerzas centrífuga y
centrípeta, colocando a la tierra y a la luna en sus
órbitas actuales, y los reacomodos geológicos que la
tierra ha sufrido, han ido moviendo su eje primordio...
o: En el principio Dios creó la tierra y los cielos, o:
¿Acaso los incrédulos no reparan que la tierra y los

cielos formaban una masa homogénea y la disgregamos, y que creamos del agua a todo ser vivo? o: Las historias del Quiché, y del mundo deseado y el formado.

O:.............?

FIN

Autoestima

Ahora que tanto te quiero, tu amor se aleja,
dejándome el alma como de poeta roquero.
mi autoestima se quedó tan baja,
que brinco y brinco y no la alcanzo.

Me quedo en la ciudad como pirul entre pinos,
tu amor se prendió tan hondo,
que si me acerco a alguien lo espino.

Sé que me pasaré la vida buscando,
y después de tanto trajinar,
cuando encuentre no sabré, mirando,
¿Si era eso lo que venía a buscar?

Me quedo solo conmigo mismo,
y no sé, por qué no me soporto:
¿Si por haberte dejado ir?
o ¿Por alejarme poco a poco?

¿Por qué se acabó?

¿Por qué se acabó? Quizá porque cuando
me hablabas no te escuchaba,
o porque te quería oír cuando no hablabas.
O porque cuando buscabas mis brazos,
para escapar del frío que te atrapaba,
yo estaba frotándome las manos,
o a lo mejor porque cuando te interponías
entre mi mirada y un partido de football
hubiera querido tener visión de rayos x, o
que tú fueras transparente,
yo creo que por eso no te gustó el deporte,
o a lo mejor porque mis exigencias te hacían
sentir que no te daba, te pagaba,
o quizá también tú al igual que yo, nos
perdimos entre el pedir y el agradecer.

Sin siquiera tú saberlo
Mis manos recorriendo tu cuerpo a través de tu
mano en un saludo, mis ojos besando cada rincón de
tu alma cuando tú me miras, el susurro que te digo al
oído cuando escuchas mi canto a gritos, así es

este amor que te tengo sin siquiera tú saberlo, este
amor descarnado y loco, que va matando y muriendo
de a poco, sin siquiera tú saberlo.

Cadena alimenticia

Entraste a mi ser por los ojos, por las manos, por los
labios, (así, en ese orden), todo lo inundaste de alegría;
siempre fuiste una ilusión para mí y ahora estoy
convencido de que nunca te convertirás
en más; al encontrarse tu juventud y mi experiencia,
mis años me alcanzaron, colgándose todos a la
vez de mi cuello; ¿te acuerdas de las cadenas
alimenticias, donde el pez grande se
come al pequeño? Así, esto que siento por ti
te hace más grande y a mí más pequeño, pero
¿qué es el amor? sino hambre por el que amas, donde
el que ama es borrado porel no, donde el pez pequeño
quiere comerse al grande.

Y no me queda más que la esperanza de tenerte entre
mis brazos, esa esperanza que se funde con mis huesos,
esa esperanza que no muere al último sino después; y yo
ahora, que nací al final de la preñez de amarte, puedo
decir que, ya, podré morir en paz.

La misión

La misión de un maestro no solo es preparar mano de obra
calificada, también es permitir el desarrollo
de mentes pensantes, creativas, que contribuyan con ideas,
y esfuerzo, a mejorar el desempeño laico
del individuo en beneficio de las familias del estado,
sin importar el credo, color político y/o traumas
físicos o mentales, las bien intencionadas o mal
intencionadas ideas del gobierno en turno que
inspiren sus más oscuras o brillantes decisiones, que
beneficien o afecten a ciertos sectores humano-económico-
político-genuflexo-sociales; y, además, la misión de
un maestro es despertar en cada capacitando la
inquietud de preguntar acertadamente para obtener las
respuestas correctas, que aclaren las dudas
propias de acuerdo a los conocimientos, habilidades y
actitudes inherentes a cada integrante del grupo, pues la
misión real de cada individuo es mejorarse a sí mismo,
y en consecuencia mejorar su entorno y el de los demás.

La misión de un maestro es descubrir por qué razón está
sentado cada uno de los discípulos en su salón, de qué
forma va a aprender, para qué va servir su aprendizaje,
qué miedos trae, y en consecuencia escoger los medios
y las técnicas tácticas para una perdurable enseñanza,
no se trata de enseñar por enseñar, el conocimiento
debe ser enmarcado por un cuadro de valores (respeto,

tolerancia,compromiso, armonía, etc), para que
sean buenas personas desde el PEA (Proceso Eseñaza
Apendizaje) hasta el PEA (Población Económicamente
Activa), pues dicho conocimiento no debe hacernos más
poderosos ante los demás sino más humanos.

La misión de un maestro, mientras enseña, es
proteger, acrecentar, o descubrir, la autoestima del
alumno; enseñar es en sí mismo el arte de amar a la
humanidad, es apoyarse en hombros de gigantes
para preservar descubrimientos, invenciones e
ideas, con el fin de conseguir una sana convivencia
con el medio ambiente y sus actores. Es una misión
posible, que comienza con el sano compromiso de
decir de corazón: ¡Sí, acepto ser maestro!

La misión de un maestro, es mostrar a sus alumnos
que las armas de alguien que enseña son: Un plumón,
y un pintarrón (las electrónicas no las cuento
porque a veces o no hay luz o no hay equipo) y se
recargan con libros, y ahora sí, a disparar al pueblo.

La misión más difícil de un maestro es descubrir, con
humildad, que el que enseña aprende dos veces, pues
aquel que instruye sin el firme y real deseo de aprender,
estará condenado a permanecer en el salón de clases
cuando sus alumnos se hayan ido.

Estaré ahí contigo

Estaré ahí contigo, cuando mires a un niño, o cuando un niño te mire, en su mirada limpia encontrarás el amor que en mí despertaste, aunque no sean mis ojos los que mires, sabrás que es mi mirada, la que te ve con éstos lejanos ojos míos, estos mis, constantemente, vidriosos ojos, que lejanamente lloran por ti.

Estaré ahí contigo en cada madrugada fría, cobijándote con mi amor de lana a cuadros, cuidándote tus sueños, abrazándote co n mi amor, con mi olor, con mi piel rosa de franela, estaré ahí abrazándote, aunque no sean mis brazos, estos brazos torpes míos que no pudieron retenerte.

Estaré ahí contigo en cada amanecer cuando escuches el canto de las aves, esas aves que se alegran por ver que el sol regresa después de cada obscurecer, y comprobar que al abrir sus alas, ninguna acechanza las hirió; mi canto estará ahí, despertándote, este canto mío que no deja de dolerme, porque no lo escuchas tú.

Estaré ahí contigo siempre mi amor, en cada respiro tuyo, en cada estornudo, beso, abrazo, poema, canción, latido, pensamiento; así que, ya sabes: No estoy conmigo si tú no estás aquí; también siento que cuando duermo y camino, tú no estás allá, porque al besarme, te quedaste aquí, en la lejanía de los recuerdos, para estar conmigo, a hacerme compañía.

Volar (tres en uno)

Son las aves	que vuelan
las que tienen	las ideas,
los sueños	que viajan,
que crean,	esperanzas
que saben	que son fuertes,
que llegarán	sin miedos
a lugares	fijos.

"Alameda. Alcaldía Gustavo A. Madero"
"Ya no hay álamos en la Alameda, ahora quedan bancas,
fuentes y jardines, bancas donde te puedes sentar a
ver a las personas pasar, te puedes acomodar (
bajo la sombra de la Torre Latino) para ver
el palacio de las Bellas Artes, también puedes ver el
Teatro Hidalgo, el cuartel del SAT, librerías

y autoservicios, el arco de entrada o salida del Barrio
Chino, incluso hasta puedes ver el Museo de la
Tolerancia junto a los Juzgados, separados por
el edificio de la Secretaría de Relaciones
Exteriores (¿y dónde está el de relaciones interiores?),
bueno, puedes disfrutar de todo esto, siempre
y cuando alguna manifestación no te impida
ver tales maravillas.

Botones
Me voy acercando a ti, y en una esquina, estás ahí
estática, estética, esperando.
No sabes que llegué, pero estás ahí, esperando, estética,
estática; te veo, y la luz de tus ojos también siento
que me ven, pienso en estar junto a ti, y que mis
sentimientos se sublimen con tu voz melodiosa, no
pides mucho, solamente unas monedas y que yo con mi
experiencia, toque los botones adecuados.
Sé que no te importa nada cuando platicamos junto a
ti, si entiendes no escuchas y/o si escuchas no entiendes,
después de todo, con unos cuantos tragos, quién sabe
qué llega de repente a la mente.
Lo cierto es que en este aire denso de groserías flotando
como hielos en alcohol, tú me haces recordar, me
pones a bailar, y a veces hasta llorar cantando o cantar
llorando, de repente no sé qué fue primero:
¿El llanto o el canto?

Y lo mejor de todo es que solo requieres de unas monedas, nada más, para eso estás aquí; pero lo único triste, es que cuando el dinero se me acaba, hay que aguantar que otras manos, con otros sentimientos, te toquen. En fin, acomodada ahí, en una esquina (estética y estática), das todo lo que se espera de una rocola de cantina.

Bendición

El bien y el mal, el ying y el yang, la noche y el dia
lo dulce y lo amargo, la miel y la hiel, el negro y el
blanco, etc. Todo esto lo encuentro en las
relaciones mundanas con lo espiritual, y veo que en
mi religión se encuentra mi Dios bueno (El bien total)
empotrado en unos maderos con clavos de hierro,
formando una cruz (Ingeniería (total) del mal total).
Mi Cristo y su palabra ejemplar junto a clavos y
maderos, me sobrecoge, y me pregunto: ¿Cómo lo
malo puede destruir (y hasta sustituir) lo bueno?
¿Pasará así en otras religiones? Pero después de muchas
humanas, sabias, bien intencionadas e infructuosas
respuestas, al final comprendo: Que sobre los dos
caen bendiciones, que al mal lastiman y
al bien engrandecen.

Feminismo raro

Olvídate de ese feminismo absurdo, que hace que
veas al hombre como el origen de tus males, ese

feminismo que hace que tu lengua me ponga contra
la pared, y que de a poco me desalma, ese feminismo
que manda a tus piernas a abrirse y cerrarse cual
tijeras, que te envía a competir en vez de compartir,
que de amar te quita las ganas, que te hace verme
feo cuando ves a las afganas; yo no estuve cuando le
pegaron a tu madre, a tu tía o a tu prima sus
parejas, tal vez, esto hace que traigas las ideas más l
ocas entre orejas, y que en mí veas desquite; ese
feminismo, que si un calcetín tirado olvido, hace
que recuerdes que no eres sirvienta de nadie, y hace
más fácil el pelear que alzar al calcetín, y es más,
creo de repente te confundes quién es el calcetín,
esto si te dé risa ¿ya ves?

Ya no quiero ver ni machismo ni feminismo, entre
nosotros, eso que hace que de dos no se forme ni uno,
mejor quiero que haya "parejismo", para así poder
formar y hacer crecer una familia.

Madres

Le agradezco a Dios (o a la vida) el haberme permitido salir, al final (o al inicio) de ti, hecho con o sin amor, con plan o sin plan, con deseo o sin deseo, en juicio o sin él, con él o sin él, etc. nada de eso importó cuando me tuviste entre tus brazos, para darme el aliento con un soplido de tu boca, y sacudida de tus manos, me abrasaste con tus besos y al poco tiempo me abrazaste con tus besos, y esa, tu mirada, de un amor recién nacido, me alimentó con el cariñoso y dulce maná, del (interminable) manantial de tu amor.

Me explicaste, claramente sin palabras, que tu presencia, al igual que el universo, como un sol calor nos da, me enseñaste que muy cerca tu calor me quemaría, y si lejos yo me encuentro, gigante pero sin vida.

Dicen que no hay amor más ingrato que el de los hijos (as), pero eso a ti no te importa, pues lo único que quieres es ver a tus hijos (as) sanos (as), felices, e integrándose a los avances humanos.

Jamás nadie te puede olvidar, aunque a algunos abandones, siempre las andamos recordando: En el metro, súper, trabajo, carretera, periférico y anexos, no falta quién conjugue tu nombre con verbos, adjetivos, diptongos o chiflidos (hasta claxonazos), y eso me recuerda que tu amor, es un amor que ocupa gran parte de mi ser. A veces también, para no desmerecer, tu nombre lo recuerdo a alguno que otro, aunque, ahora, no me explico, si tú eres es puro corazón, ¿Por qué, en ocasiones sin sentido, tu nombre lo decimos enojados?

La mayoría de las veces, tu nombre es lo primero, después de los ojos, que uno por la boca aprende a pronunciar, y dicen que es lo último que un ser vivo invoca, con los ojos, antes de marchar; tu nombre que enaltece a las femeninas, que cura las heridas con besos en lugar de medicinas, ese bendito y recordado nombre que al evocarlo tanto disfrutas, que es motivo de las más hermosas poesías y también el origen de algunas inolvidables y familiares, disputas.

Y ahora que miro ese cristalino cielo azul, sin nubes, veo su fondo, y estás en cada una de mis peticiones, oraciones; también seguro estoy de que las estrellas, entre ellas tú, pueden observarnos con amor y hasta a veces titilar cuando el camino equivocamos.

El real origen, de todo lo que digo, es agradecerte por todo lo me diste y me quitaste, salud por ti, mi siempre cariñosa, omnipresente y todopoderosa: MADRE.

IDEAS QUE VUELAN

Omar Sanvicente

Portable TINTAS HÍBRIDAS

Portable
GRUPO EDITORIAL

Somos una editorial creativa, flexible, dedicada a **formar autores, hacer libros y encontrar lectores.** Unimos la energía del start up con la experiencia sumada de un equipo de talentos en todas las áreas de gestión editorial. Nuestra especialidad es buscar autores que inspiren, construir contenidos inolvidables y hacer libros de calidad para ser leídos en el mundo **Somos más que una editorial: somos una agencia para autores del futuro.**

@EditPortable

www.editorialportable.com
Contacto:info@editorialportable.com

Se imprimió en el mes de abril de 2022, en los talleres de Litográfica Ingramex, S.A. de C.V. Centeno 195, Col. Valle del Sur, Iztapalapa, Ciudad de México

www.ingramcontent.com/pod-product-compliance
Lightning Source LLC
Chambersburg PA
CBHW071359090426
42738CB00012B/3165